Vegan

Rezepte für den Thermomix TM 31

Vorwort

Die vegane Küche ist vielfältig, abwechslungsreich und nachhaltig. Was sie nicht ist, was manche vielleicht denken, sie ist keinesfalls langweilig. Außer auf tierische Produkte müssen Sie auf nichts verzichten, denn es gibt hervorragende pflanzliche Ersatzprodukte.

Die Rezepte in unserem Kochbuch repräsentieren diese große Vielfalt. Vom schnellen Dip über Suppen, Vorspeisen und Hauptgerichte bis zum Dessert ist alles dabei.

Alle Rezepte sind abgestimmt auf die Zubereitung mit dem Thermomix, detailliert beschrieben und wie immer mit aussagekräftigen schönen Abbildungen versehen.

Das Team von dagomix wünscht Ihnen guten Appetit.

Inhaltsverzeichnis

Basics
Knoblauchmarinade	4
Veganer Parmesanersatz	5
Pesto	5

Dips und Cremes
Tomaten-Joghurt-Dip	6
Basilikum Creme	6
Käse-Bananen-Dip	7
Zaziki	7
Mandarinen-Porree-Dip	8
Gurken-Radieschen-Dip	8

Vorspeisen und Suppen
Linsensuppe mit Chorizo	9
Kohlrabi-Kokos-Suppe	10
Fruchtige Kürbissuppe	11
Tomaten Panna Cotta	12
Bruschetta im Glas	15
Rote Beete Suppe	16
Mango-Polenta-Suppe	17
Veggie Riesengarnelen in Tomatensauce	18

Hauptgerichte

Nudeln mit Mandel-Spinat-Sauce	19
Gemüse Lasagne	20
Linsen Bratlinge mit Salat	22
Spaghetti Bolognese „Art"	25
Kürbisravioli	26
Gefüllte Auberginen	28
Nudel-Gemüse-Auflauf	30
Couscous mit Veggie Riesengarnelen	33
Sellerie Duett	34
Kassler „Art" mit Kräutersauce	36
Nudeln mit Salsa Verde	39
Laugenknödel mit Champignonsauce	40
Rote Beete Spätzle mit Tempeh	42
Spaghetti Auflauf	45
Graupenbratlinge mit rotem Kartoffelpüree	46
Risotto mit Chorizo	48

Süßspeisen

Süße Crêpes	49
Geschichtete Apfel-Creme	50
Piroggen mit Marillenkonfitüre	53
Zweierlei Mandel Kekse	54
Kokos Panna Cotta mit Erdbeersauce	55
Schoko Törtchen	56
Amarettini Kekse	59

Sie finden auf dieser Doppelseite drei Grundrezepte, die in einigen unserer Rezepte zusätzlich benötigt werden. Sie können diese natürlich auch ganz nach Wunsch und Belieben für Ihre eigenen Rezepte variieren.

Knoblauchmarinade

Zutaten für ca. 300 g Tofu oder z.B Veggie Riesengarnelen

20 g	Knoblauch
10 g	Ingwer
50 g	Olivenöl
½ Tl	Zitronengraspulver
1 Tl	Rosmarin, frisch oder getrocknet
6 Tr.	Tabasco
1 Msp.	Cayennepfeffer
½ Tl	Salz

Zubereitung

- Knoblauch und Ingwer in den Mixtopf geben, **10 Sek. / Stufe 10** zerkleinern und mit dem Spatel runterschieben.
- Die restlichen Zutaten dazugeben und **10 Sek. / Stufe 4** vermischen.

Diese Marinade eignet sich z.B. für Tofu, Veggi Riesengarnelen usw.
Am besten den Tofu oder die Garnelen zusammen mit der Marinade in einen Gefrierbeutel geben, vermischen und über Nacht im Kühlschrank marinieren.

Veganer Parmesanersatz

Zutaten

20 g	Mandeln, ungeschält
20 g	Pinienkerne
20 g	Hefeflocken
1 Msp.	Kurkuma

Zubereitung

- Mandeln und Pinienkerne in den Mixtopf geben, **10 Sek. / Stufe 10** mahlen und mit dem Spatel runterschieben.
- Die restlichen Zutaten dazufügen und **5 Sek. / Stufe 10** vermischen.

Tipp:

Bei geschälten Mandeln wird der Parmesanersatz heller.

Pesto

Zutaten

5 g	Knoblauch
10 g	Pinienkerne
1 Msp.	Salz
1	Topf Basilikum
1 Tl	Zucker
1 Tl	Senf
70 g	Olivenöl

Zubereitung

- Knoblauch und Pinienkerne in den Mixtopf geben, **5 Sek. / Stufe 8** zerkleinern.
- Salz, Basilikum und Zucker hinzufügen, **5 Sek. / Stufe 7** pürieren.
- Senf und Öl dazugeben, **10 Sek. / Stufe 3** vermischen.

Tipp:

Schmeckt toll zu Salaten, Nudeln oder zu Bruschetta.

Tomaten-Joghurt-Dip

Zutaten

5 g	Zwiebeln
1	kl. Knoblauchzehe
20 g	getrocknete Tomaten, in Öl
2 Msp.	Salz
2 Msp.	Pfeffer
5 g	Tomatenmark
1 Tl	Zitronensaft
½ Tl	Zucker
150 g	Sojajoghurt

Zubereitung

- Zwiebeln, Knoblauch und Tomaten in den Mixtopf geben, **5 Sek. / Stufe 7** zerkleinern.
- Die Tomatenmischung mit dem Spatel runterschieben und nochmals **5 Sek. / Stufe 7** zerkleinern.
- Die restlichen Zutaten hinzugeben und **7 Sek. / Stufe 3** vermengen.

Basilikum Creme

Zutaten

1	Knoblauchzehe
5 g	Basilikumblätter, frisch
200 g	Soja Crème fit
½ Tl	Zitronenabrieb
1 Tl	Zitronensaft
1 Msp.	Salz
1 Msp.	Zucker

Zubereitung

- Knoblauch und Basilikum in den Mixtopf geben, **7 Sek. / Stufe 8** zerkleinern.
- Die restlichen Zutaten hinzufügen und **15 Sek. / Stufe 3** vermischen.

Käse-Bananen-Dip

Zutaten

45 g	grüne Paprika, geschält
90 g	Banane, geschält in Stücken
60 g	Frischkäse, vegan
30 g	Sojajoghurt
70 g	Mayonnaise, vegan
70 g	geriebener Käse, vegan
¼ Tl	Salz
½ Tl	Zucker
1 Msp.	Pfeffer

Zubereitung

- Paprika und Banane in den Mixtopf geben, **3 Sek. / Stufe 5** zerkleinern.
- Die restlichen Zutaten hinzufügen und **5 Sek. / Stufe 3** vermischen.

Zaziki

Zutaten

1	Salatgurke, geschält, entkernt u. geviertelt
1	Knoblauchzehe
2 El	Petersilie, fein geschnitten
2 El	Schnittlauch, fein geschnitten
100 g	Frischkäse, vegan
50 g	Sojajoghurt
1 Tl	Zucker
½ Tl	Salz
1 Msp.	Pfeffer

Zubereitung

- Gurken und Knoblauch in den Mixtopf geben, **2 Sek. / Stufe 5** zerkleinern und in ein Sieb umfüllen.
- Die Gurke im Sieb gut ausdrücken und anschließend wieder in den Mixtopf geben.
- Restliche Zutaten hinzugeben und **10 Sek. / Stufe 3** vermengen.

Mandarinen-Porree-Dip

Zutaten

150 g	Frischkäse, vegan
50 g	Sojajoghurt
30 g	Porree, in feinen Streifen
150 g	Mandarinen (Dose)
1 El	Mandarinensaft (Dose)
½ Tl	Salz
1 Msp.	Pfeffer
1 Tl	Zucker

Zubereitung

- Alle Zutaten in den Mixtopf geben und **5 Sek./Stufe 3** vermischen.
- Nach Belieben z.B. mit Porree und Mandarinen dekorieren.

Gurken-Radieschen-Dip

Zutaten

150 g	Salatgurken, geschält u. entkernt
150 g	Radieschen
1	Knoblauchzehe
50 g	Schnittlauch, in Röllchen
1 Tl	Zucker
½ Tl	Salz
1 Msp.	Pfeffer
1 El	Zitronensaft
150 g	Frischkäse, vegan
50 g	Sojajoghurt

Zubereitung

- Die Gurken in den Mixtopf geben, **2 Sek./Stufe 5** zerkleinern und umfüllen.
- Knoblauch und Radieschen in den Mixtopf geben, **2 Sek./Stufe 5** zerkleinern und zu den Gurken umfüllen.
- Die Gemüsemischung in ein Sieb geben, gut ausdrücken und zurück in den Mixtopf füllen.
- Die restlichen Zutaten hinzufügen, **10 Sek./Stufe 3** vermengen.

Linsensuppe mit Chorizo

Zutaten für ca. 4 Personen

200 g	Möhren, in Stücken
100 g	Sellerieknolle, in Stücken
350 g	Kartoffeln, geschält u. geviertelt
70 g	Zwiebeln, in Stücken
10 g	Knoblauch
20 g	Olivenöl
2	Lorbeerblätter
5	Pimentkörner
250 g	rote Linsen
1000 g	Wasser
25 g	Gemüsebrühe, Instant
2 Tl	Salz
½ Tl	Pfeffer
3 El	Majoran
400 g	Chorizo, vegan
2 Tl	Zitronensaft

Zubereitung

- Möhren und Sellerie in den Mixtopf geben, **4 Sek. / Stufe 5** zerkleinern und umfüllen.
- Kartoffeln in den Mixtopf geben, **3 Sek. / Stufe 5** zerkleinern und ebenfalls umfüllen.
- Zwiebeln und Knoblauch in den Mixtopf geben, **3 Sek. / Stufe 5** zerkleinern.
- Öl hinzufügen, **3 Min. / Varoma / Stufe 1** dünsten.
- Lorbeerblätter und Pimentkörner in einen Teebeutel geben und gut verschließen.
- Das zerkleinerte Gemüse, die Kartoffeln und die restlichen Zutaten, ausgenommen Chorizo und Zitronensaft, dazugeben, **50 Min. / 100°C /** 🗘/⌀ kochen (ggf. auf 90°C reduzieren).
- Teebeutel entfernen.
- Die Chorizo in Scheiben schneiden und nochmals halbieren.
- Zitronensaft und Chorizo dazugeben und **3 Min. / 90°C /** 🗘/⌀ fertig kochen.

Kohlrabi-Kokos-Suppe

Zutaten für ca. 4 Personen

15 g	Zwiebeln
10 g	Ingwer
600 g	Kohlrabi, geschält in Stücken
220 g	Kartoffeln, geschält in Stücken
2 St.	Zitronengras, in großen Stücken
400 g	Wasser
10 g	Gemüsebrühe, Instant
400 g	Kokosmilch
1 Tl	Salz

Zubereitung

- Zwiebeln, Ingwer, Kohlrabi und Kartoffeln in den Mixtopf geben, **5 Sek./Stufe 6** zerkleinern.
- Die restlichen Zutaten hinzufügen, **25 Min./100°C/Stufe 1** kochen (ggf. auf 90°C reduzieren).
- Die Zitronengrasstücke aus der Suppe nehmen.
- Die Suppe **50 Sek./Stufe 10** pürieren und anschließend durch ein Sieb streichen.
- Zum Servieren nach Belieben, z.B. mit Sprossen garnieren.

Fruchtige Kürbissuppe

Zutaten für ca. 4 Personen

45 g	Zwiebeln
1	Knoblauchzehe
20 g	Olivenöl
1	Orange, geschält in Stücken
270 g	Hokkaidokürbis, entkernt in Stücken
100 g	Möhren, in Stücken
150 g	Kartoffeln, in Stücken
1	Apfel geschält und entkernt in Stücken
400 g	Wasser
150 g	Apfelsaft, vegan
250 g	Sauerrahm, vegan
5 g	Gemüsebrühe, Instant
1 Tl	Zucker
½ Tl	Pfeffer
3 Msp.	Muskat
½ Tl	Salz

Zubereitung

- Zwiebeln und Knoblauch in den Mixtopf geben, **3 Sek. / Stufe 5** zerkleinern.
- Öl hinzufügen, **3 Min. / Varoma / Stufe 1** dünsten.
- Orange, Kürbis, Möhren, Kartoffeln und den Apfel dazugeben, **10 Sek. / Stufe 8** zerkleinern.
- Die restlichen Zutaten zugeben, **25 Min. / 100°C / Stufe 1** kochen (ggf. auf 90°C reduzieren).
- Die Suppe **40 Sek. / Stufe 10** pürieren.
- Die Suppe nach Belieben, z.B. mit Kürbiskernöl und gerösteten Kürbiskernen servieren.

Tomaten Panna Cotta

Zutaten für ca. 4 Personen als Vorspeise

Boden
220 g	Vollkornbrot, ohne Rinde
60 g	Margarine

Füllung
250 g	Soja Cuisine
1 Tl	Agar-Agar
1	Knoblauchzehe
50 g	Gewürzgurke, geschält
65 g	Paprika (Glas)
150 g	Tomaten, geschält, entkernt u. halbiert
10 g	Schnittlauch, in Röllchen
1 Tl	Salz
2 Msp.	Pfeffer
1 Tl	Zucker
2 El	Zitronensaft
130 g	Frischkäse, vegan

Zubereitung

Boden
- Alle Zutaten in den Mixtopf geben, **5 Sek. / Stufe 6** zerkleinern.
- Die Brösel auf vier Metallringe (ø ca. 8 cm) verteilen und als Boden andrücken.

Füllung
- Die Soja Cuisine mit dem Agar-Agar in den sauberen Mixtopf geben, **1:30 Min. / 100°C / Stufe 2** erwärmen, umfüllen und etwas abkühlen lassen.
- Knoblauch, Gurke und Paprika in den Mixtopf geben, **3 Sek. / Stufe 5** zerkleinern.
- Tomate hinzufügen, **1 Sek. / Stufe 5** zerkleinern und nochmals **1 Sek. / Stufe 5** zerkleinern.
- Die restlichen Zutaten sowie die Cuisine zugeben und **ca. 15 Sek. / Stufe 3** vermengen.
- Die Füllung auf die vier Förmchen mit dem Brotboden verteilen und zum Festwerden ein paar Stunden kalt stellen.
- Vor dem Servieren nach Belieben dekorieren.

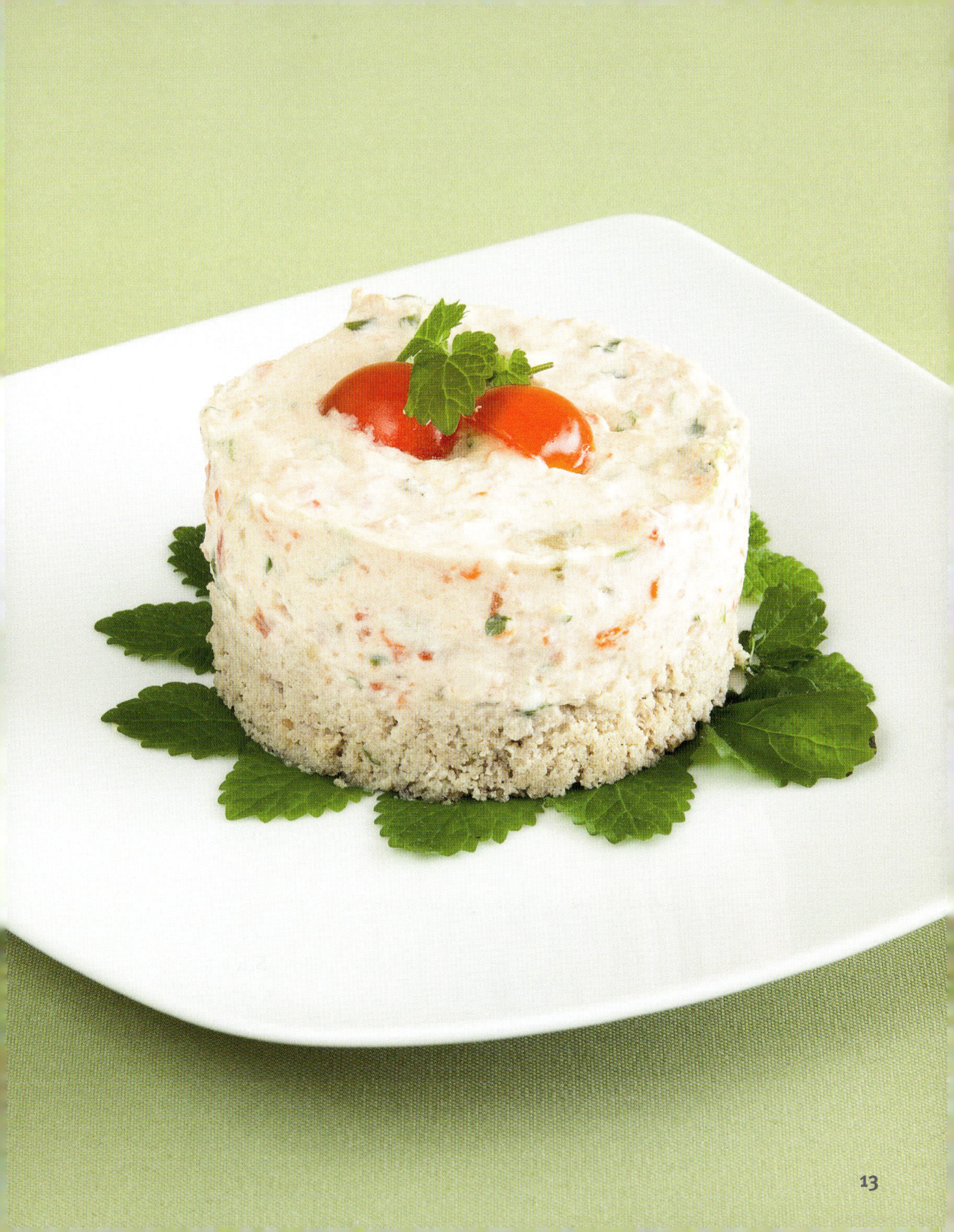

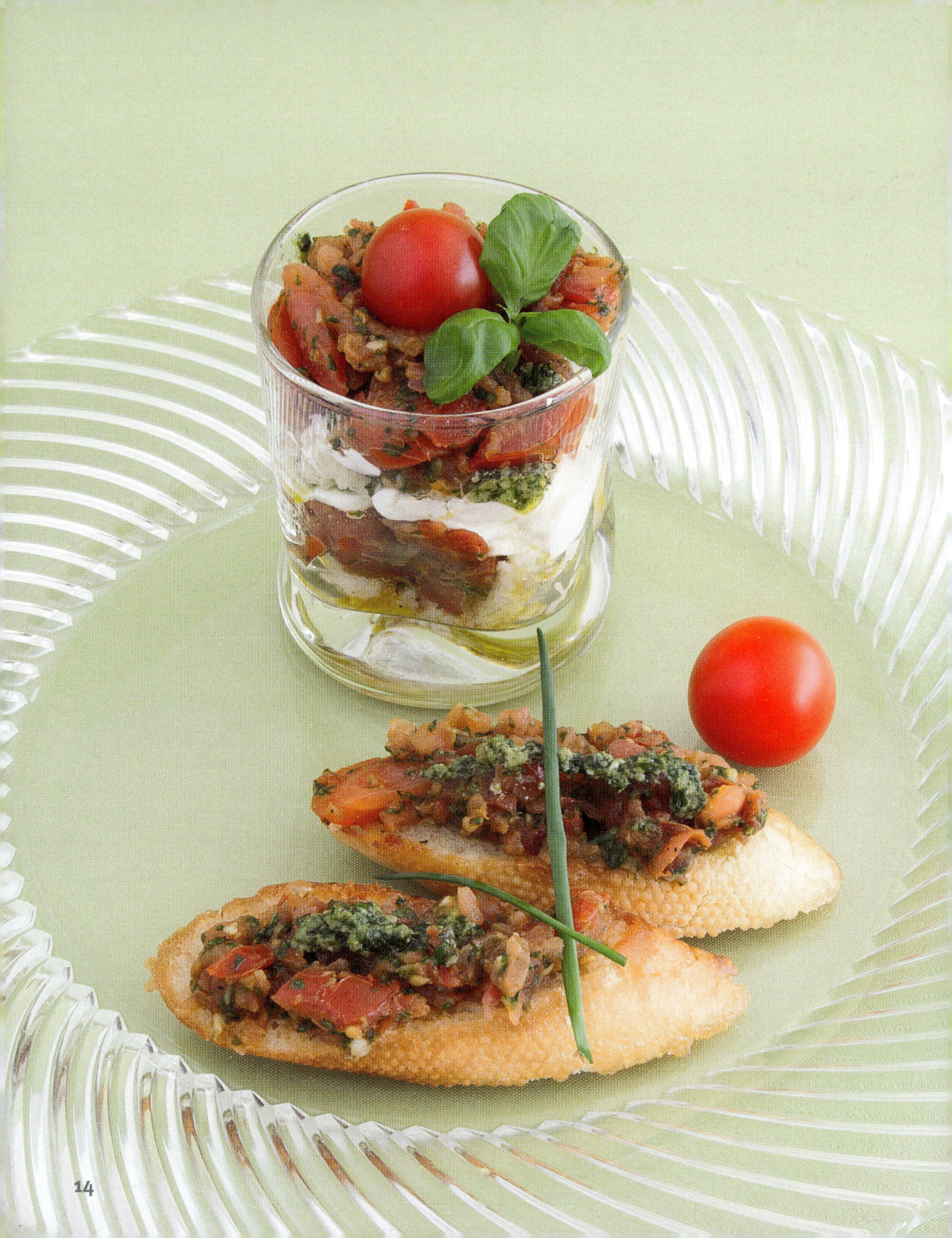

Bruschetta im Glas

Zutaten für ca. 4 Personen als Vorspeise

Pesto siehe Grundrezept Seite 5

Creme
150 g	Frischkäse, vegan
150 g	Soja Cuisine
2 Msp.	Salz
2 Msp.	Pfeffer
2 Tl	Zitronensaft
1 Tl	Zucker

etwas Ingwer, gemahlen

zusätzlich
4	Scheiben Ciabatta je ca. 30 g
8	Scheiben Ciabatta, dünn geschnitten

etwas Öl zum Anbraten

Tomatendip
1	kl. Knoblauchzehe
1	Topf Basilikum
550 g	Fleischtomaten, entkernt und geviertelt
2 Tl	Zucker
1½ Tl	Salz
1 Tl	Tomatengewürz
2 Msp.	Pfeffer
20 g	Olivenöl
2 Tl	Weißweinessig

Deko
4	Cherrytomaten
4	Blätter Basilikum

Zubereitung

- Pesto nach Grundrezept zubereiten.

Creme
- Alle Zutaten in den Mixtopf geben, **15 Sek. / Stufe 3** vermischen und umfüllen.
- Die vier Scheiben Ciabatta in den sauberen Mixtopf geben, **2 Sek. / Stufe 5** zerkleinern und umfüllen.
- Die anderen Scheiben in einer Pfanne mit Öl von beiden Seiten goldgelb braten.

Tomatendip
- Knoblauch und Basilikum in den Mixtopf geben, **4 Sek. / Stufe 8** zerkleinern.
- Die restlichen Zutaten hinzugeben, **1 Sek. / Stufe 5** zerkleinern und nochmals **1 Sek. / Stufe 5** zerkleinern.
- Schichten Sie die Zutaten in ein Glas, beginnen Sie mit Ciabatta, etwas Pesto, dann Tomaten und anschließend Creme. Wiederholen Sie den Vorgang nochmals.
- Die restlichen Tomaten auf den Ciabattascheiben verteilen.
- Vor dem Servieren mit den Cherrytomaten und Basilikum dekorieren.

Rote Beete Suppe

Zutaten für ca. 4 Personen

300 g	Salatgurken, geschält u. entkernt in Stücken
230 g	Rote Beete (FP), vorgekocht
500 g	Rote Beete Saft
200 g	Apfelsaft, vegan
250 g	Soja Cuisine Light
150 g	Sojamilch
5 g	Gemüsebrühe, Instant
2 Tl	Zucker
1 Tl	Salz
etwas Pfeffer	
1 Bd.	Dill, fein geschnitten
10 g	Weißweinessig

Zubereitung

- Gurkenstücke in den Mixtopf geben, **4 Sek. / Stufe 5** zerkleinern und umfüllen.
- Rote Beete in den Mixtopf geben, **5 Sek. / Stufe 5** zerkleinern.
- Die restlichen Zutaten, ausgenommen Gurken, Dill und Weißweinessig, hinzufügen und **15 Min. / 100°C / Stufe 1** kochen.
- Essig zugeben und **10 Sek. / Stufe 10** pürieren.
- Gurken und Dill dazufügen und mit dem Spatel vermengen.

Mango-Polenta-Suppe

Zutaten für ca. 4 Personen als Vorspeise

60 g	Zwiebeln, in Stücken
20 g	Olivenöl
½ Tl	Curry
100 g	Weißwein, vegan
680 g	Wasser
15 g	Gemüsebrühe, Instant
40 g	Polenta
2 St.	Zitronengras
170 g	Mangofruchtfleisch, in Stücken

Deko
4	Scheiben Weißbrot in 1 x 1 cm Würfeln
etwas Öl	
1 Tl	Petersilie

evtl. ein paar Mangowürfel

Zubereitung

- Zwiebeln in den Mixtopf geben, **3 Sek. / Stufe 5** zerkleinern.
- Öl und Curry hinzufügen, **3 Min. / Varoma / Stufe 1** dünsten.
- Wein, Wasser, Brühepulver und Polenta dazugeben.
- Zitronengras in grobe Stücke teilen, flach klopfen und ebenfalls in den Mixtopf geben, **15 Min. / 100°C / ↺ / Stufe 2** kochen.
- Das Zitronengras herausfischen.
- Mango zugeben, **15 Sek. / Stufe 10** pürieren.
- Die Suppe durch ein Sieb passieren und warm stellen.

Deko
- Die Weißbrotwürfel in einer Pfanne mit etwas Öl goldgelb rösten.
- Die Suppe zusammen mit den Brotwürfeln sowie der Petersilie anrichten.
- Nach Belieben noch einige Mangowürfel darauf dekorieren.

Veggie Riesengarnelen in Tomatensauce

Zutaten für ca. 4 Personen als Vorspeise

Knoblauchmarinade von Seite 4
300 g Veggie Riesengarnelen, am Vortag marinieren

Tomatensauce
50 g rote Zwiebeln, in Stücken
1 Knoblauchzehe
20 g Olivenöl
1 Dose Tomaten, stückig (Abtrgew. 240 g)
2 Msp. Salz
1 Msp. Pfeffer
1 El Ahornsirup
½ Tl Zucker
1 El Zitronensaft
1 El Tomatenmark

Zubereitung

- Die Knoblauchmarinade nach Rezept zubereiten und die Veggie Riesengarnelen darin am Vortag marinieren.

Tomatensauce
- Zwiebeln und Knoblauch in den Mixtopf geben, **3 Sek. / Stufe 5** zerkleinern.
- Öl hinzufügen und **3 Min. / Varoma / Stufe 1** dünsten.
- Die restlichen Zutaten zugeben, **5 Min. / 100°C / 🕓 / Stufe 1** kochen.
- Die marinierten Veggie Riesengarnelen in einer Pfanne mit der Marinade anbraten und zusammen mit der Tomatensauce servieren.

Tipp:

Reichen sie dazu ein frisches Ciabatta Brot.

Nudeln mit Mandel-Spinat-Sauce

Zutaten für ca. 4 Personen

Sauce

150 g	Mandeln
80 g	Zwiebeln, in Stücken
125 g	Blattspinat (TK), aufgetaut
30 g	Olivenöl
350 g	Soja Sahne
120 g	Wasser
2 El	Gemüsebrühe, Instant
1½ Tl	Salz
¼ Tl	Pfeffer
2 Msp.	Muskat
1 Tl	Zucker

Nudeln
500 g   grüne Nudeln

zum Bestreuen
Mandelblättchen

Zubereitung

Sauce
- Mandeln in den Mixtopf geben, **10 Sek./Stufe 7** reiben und umfüllen.
- Zwiebeln in den Mixtopf füllen, **3 Sek./Stufe 5** zerkleinern.
- Spinat und Öl dazugeben und **3 Min./Varoma/Stufe 1** dünsten.
- Die restlichen Zutaten hinzufügen, **10 Min./90°C/Stufe 2** kochen.

Nudeln
- Die Nudeln nach Packungsangabe in reichlich Salzwasser kochen.
- Die fertigen Nudeln mit der Sauce vermengen und auf Tellern anrichten.
- Vor dem Servieren mit Mandelblättchen bestreuen.

Gemüse Lasagne

Zutaten für ca. 4 Personen

ca. 9	Lasagneplatten

Gemüsesauce

250 g	Tofu, Kräuter
280 g	Möhren, in Stücken
120 g	Sellerieknolle, in Stücken
10 g	Knoblauch
15 g	Ingwer
70 g	Zwiebeln
550 g	gemischte Paprika, geschält in Stücken
2 Msp.	Muskat
½ Tl	Pfeffer
1 Tl	Salz
1 Tl	Zucker
2 El	Gemüsebrühe, Instant
250 g	Wasser
½ Bd.	Schnittlauch, in Röllchen geschnitten

Béchamelsauce

60 g	Margarine
70 g	Mehl
500 g	Sojamilch
3 Msp.	Muskat
1 Tl	Salz
1 Tl	Zucker
200 g	Sojajoghurt

zum Bestreuen

100 g	geriebener Käse, vegan

Zubereitung

- Lasagneplatten nach Packungsangabe vorkochen und einzeln auf 1–2 Küchentücher legen damit sie nicht aneinander kleben.

Gemüsesauce

- Tofu in den Mixtopf geben, **2 Sek. / Stufe 5** zerkleinern und umfüllen.
- Möhren und Sellerie in den Mixtpf geben, **5 Sek. / Stufe 5** zerkleinern und umfüllen.
- Knoblauch, Ingwer, Zwiebeln und Paprika in den Mixtopf geben, **4 Sek. / Stufe 5** zerkleinern.
- Tofu, Möhrenmischung sowie die restlichen Zutaten, ausgenommen Schnittlauch, dazugeben und **15 Min. / 100 °C /** ↻/⌀ garen.
- Schnittlauch hinzufügen, mit dem Spatel vermengen und umfüllen.
- 3 Lasagneplatten in eine Auflaufform legen, 1/3 der Gemüsesauce darauf geben, wieder 3 Lasagneplatten auflegen. Den Vorgang wiederholen, bis die Sauce aufgebraucht ist.
- Backofen auf **190 °C Ober- / Unterhitze** vorheizen.

Béchamelsauce

- Margarine in den Mixtopf geben, **1 Min. / 100 °C / Stufe 1** schmelzen.
- Mehl hinzufügen, **3 Min. / 100 °C / Stufe 1** anschwitzen.
- Sojamilch zugeben, **6 Min. / 90 °C / Stufe 4** kochen.
- Die restlichen Zutaten dazugeben und **20 Sek. / Stufe 4** vermischen.
- Die Béchamelsauce auf der Gemüsesauce verteilen, mit Käse bestreuen und **ca. 50 Min.** backen.

Linsen Bratlinge mit Salat

Zutaten für 8 Stück

Linsen
200 g	Linsen, über Nacht eingeweicht

Salat
35 g	Sellerieknolle, in Stücken
150 g	Möhren, in Stücken
1	Apfel geschält, in Stücken
75 g	gelbe Paprika, in Stücken
75 g	rote Paprika, in Stücken
1	Orange geschält, in Stücken
100 g	Eisbergsalat
1 Tl	Zucker
½ Tl	Salz
2 Msp.	Pfeffer
25 g	Olivenöl

Bratlinge
100 g	Zwiebeln, in Stücken
100 g	Lauch, in Stücken
120 g	Karotten, in Stücken
120 g	Champignons, in Stücken
25 g	Olivenöl
50 g	Mehl Typ 1050
¼ Tl	Pfeffer
1 Tl	Salz
15 g	„8 Kräuter" (TK)

zusätzlich
Öl zum Braten

Zubereitung

Linsen
- Linsen am Vortag über Nacht einweichen.

Salat
- Gemüse in den Mixtopf geben, **4 Sek./Stufe 5** zerkleinern und umfüllen.
- Eisbergsalat in den Mixtopf geben, **1 Sek./Stufe 5** zerkleinern.
- Gemüse sowie die restlichen Zutaten hinzufügen und mit dem Spatel vermengen.

Bratlinge
- Zwiebeln und Gemüse in den Mixtopf geben, **3 Sek./Stufe 6** zerkleinern.
- Olivenöl und die abgetropften Linsen hinzugeben, **10 Min./100°C/↺/Stufe 1** kochen und anschließend abkühlen lassen.
- Die restlichen Zutaten hinzugeben, **15 Sek./Stufe 3** vermischen.
- Aus dem Teig mit feuchten Händen Bratlinge formen.
- Die Bratlinge in einer Pfanne mit Öl bei mittlerer Hitze von beiden Seiten braten.

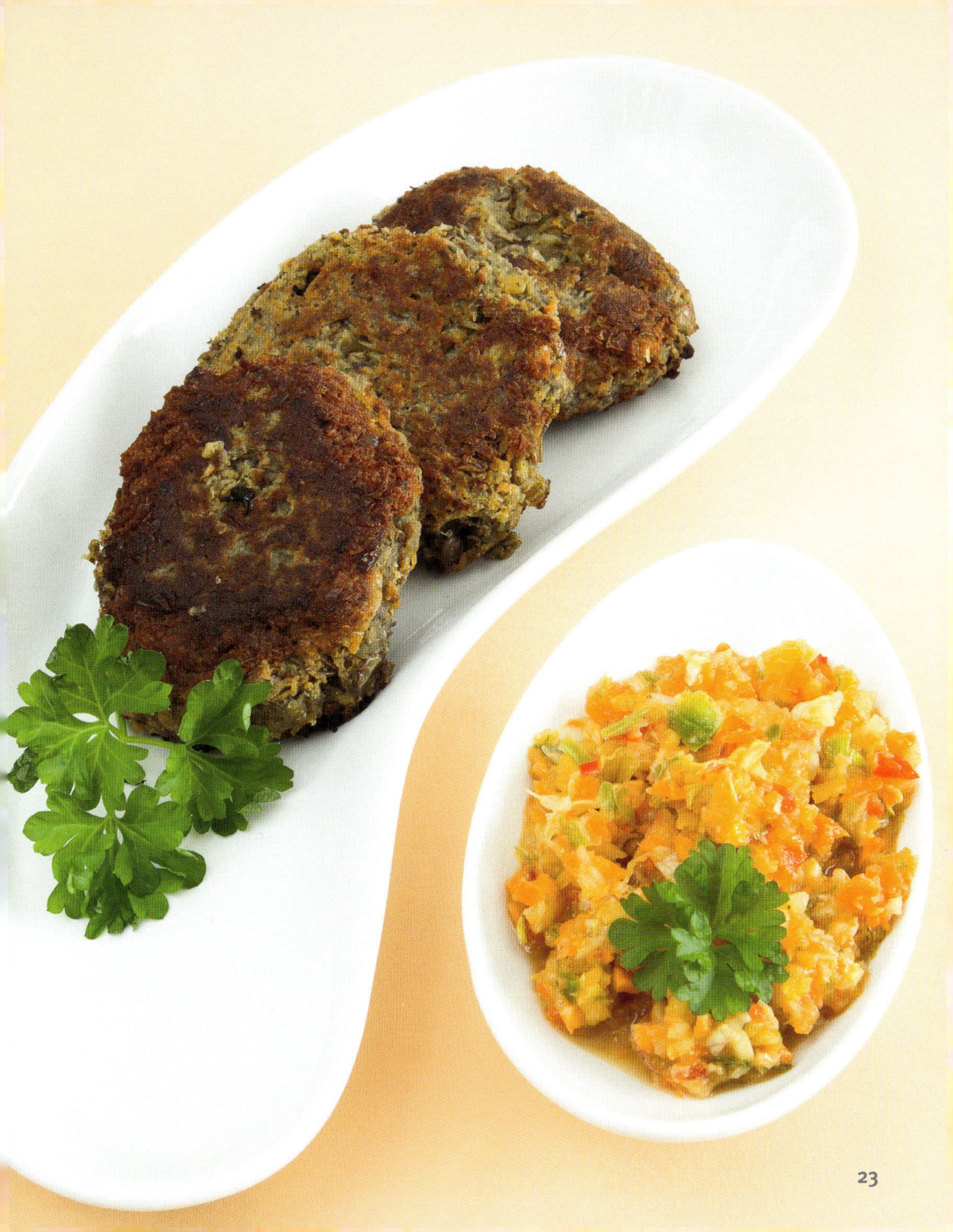

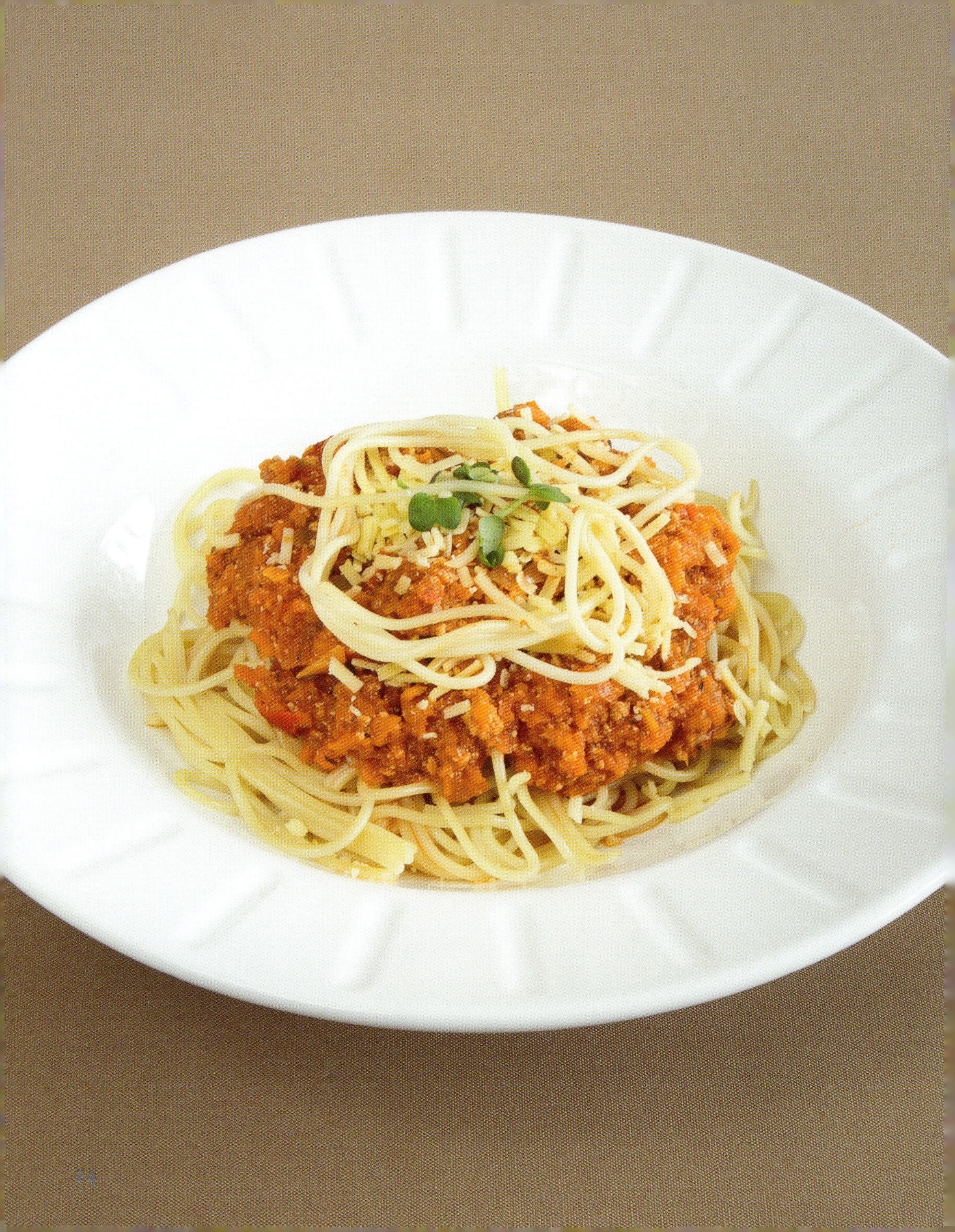

Spaghetti Bolognese „Art"

Zutaten für ca. 4 Personen

Sauce

300 g	Möhren, in Stücken	1 Tl	Oregano, getrocknet
150 g	rote Paprika, in Stücken	1 Tl	Thymian, getrocknet
150 g	gelbe Paprika, in Stücken	1 Tl	Majoran, getrocknet
200 g	Tofu Tomate, geviertelt	110 g	Wasser
1	Zwiebel, in Stücken	10 g	Zucker
2	Knoblauchzehen	1½ Tl	Salz
25 g	Olivenöl	¼ Tl	Pfeffer
1	Dose Tomaten, stückig (Abtrgew. 240 g)		
35 g	Tomatenmark		

Nudeln
450 g Spaghetti

Zubereitung

Sauce
- Möhren und Paprika in den Mixtopf geben, **2 Sek. /Stufe 6** zerkleinern und umfüllen.
- Tofu in den Mixtopf geben, **2 Sek. /Stufe 5** zerkleinern und zu den Möhren geben.
- Zwiebeln und Knoblauch in den Mixtopf geben, **3 Sek. /Stufe 6** zerkleinern.
- Öl zugeben und **3 Min. / Varoma /Stufe 1** dünsten.
- Das Gemüse und die restlichen Zutaten hinzufügen, **15 Min. /100°C /⟲/Stufe 2** kochen (ggf. auf 90° reduzieren).

Nudeln
- Die Spaghetti nach Packungsangabe in einem Topf mit reichlich Salzwasser kochen und anschließend abgießen.
- Die Spaghetti zusammen mit der Sauce anrichten.

Tipp:

Servieren Sie die Spaghetti mit Parmesanersatz bestreut.

Kürbisravioli

Zutaten für ca. 4 Personen (ca. 34 Ravioli)

Teig
400 g	Weizenmehl
20 g	Olivenöl
2 Tl	Salz
200 g	Wasser, lauwarm
1 Tl	Kurkuma

Füllung
300 g	Hokkaidokürbis, entkernt
85 g	Äpfel, geschält u. entkernt
30 g	Olivenöl
1 Tl	Salz
2 Msp.	Muskat
100 g	Sojamilch

Deko
3   Zwiebeln, in Ringe geschnitten
Öl zum Braten
einige Walnusskerne

Zubereitung

Teig
- Alle Zutaten in den Mixtopf geben und **3 Min. / Teigstufe** kneten.
- Den Teig in Folie wickeln und ca. 2 Stunden kalt stellen.

Füllung
- Kürbis und Äpfel in Stücke schneiden.
- Alle Zutaten in den sauberen Mixtopf geben, **20 Min. / 100°C / Stufe 2** kochen (ggf. auf 90°C reduzieren).
- Die Füllung **10 Sek. / Stufe 10** pürieren und kalt werden lassen.

Deko
- Zwiebeln in einer Pfanne mit Öl goldgelb braten und zur Seite stellen.
- Den Teig mit einer Teigrolle oder einer Nudelmaschine ausrollen.
- Den Teig in gleichgroße Platten teilen.
- Mit einem Abstand von ca. 5 cm die Kürbisfüllung als kleine Häufchen auf der Hälfte der Teigplatten verteilen.
- Eine zweite Teigplatte darauf legen und Quadrate von ca. 5 x 5 cm ausradeln. Die Ränder mit einer Gabel andrücken.
- Die Ravioli in kochendem Salzwasser portionsweise (ca. 6–7 Stück) ziehen lassen.
- Ravioli vor dem Servieren mit den Zwiebelringen und den Walnüssen dekorieren.

Tipp:

Sie können die Ravioli auch mit Hilfe eines Raviolibrettes oder eines Raviliausstechers herstellen.

Gefüllte Auberginen

Zutaten für ca. 2 Personen

2	Auberginen
500 g	Wasser
1 Tl	Salz
½	Zitrone, Saft und Abrieb

Füllung

100 g	Couscous
2 Tl	Gemüsebrühe, Instant
2	Möhren, in Stücken
½	rote Paprika, in Stücken
½	gelbe Paprika, in Stücken
1	kl. Zucchini in Stücken
5 g	Ingwer
30 g	rote Zwiebeln
5 g	Knoblauch
40 g	Olivenöl
¼ Tl	Pfeffer
1 Tl	Zucker
½ Tl	Salz
20	Cherrytomaten, gehäutet
2 El	gemischte Kräuter, fein geschnitten

zum Bestreuen

40 g	geriebener Käse, vegan

Zubereitung

- Auberginen halbieren, das Fruchtfleisch aushöhlen und dabei ca. 1 cm stehen lassen.
- Die Auberginen sowie das ausgehöhlte Fruchtfleisch mit etwas Zitronensaft beträufeln.
- Die Auberginenhälften salzen, mit der Unterseite nach unten in den Varoma legen und das Fruchtfleisch für die Füllung beiseite stellen.
- Wasser und Salz in den Mixtopf füllen, Varoma aufsetzen **15 Min. / Varoma / Stufe 1** dämpfen und anschließend in eine Auflaufform legen.

Füllung

- Den Couscous sowie die Gemüsebrühe in eine Schale füllen und mit 125 g von dem Garwasser übergießen. Bitte umrühren und zugedeckt ziehen lassen.
- Backofen auf **190°C Ober- / Unterhitze** vorheizen.
- Möhren und Paprika in den Mixtopf geben, **3 Sek. / Stufe 5** zerkleinern und umfüllen.
- Zucchini und Auberginenfruchtfleisch in den Mixtopf geben, **2 Sek. / Stufe 5** zerkleinern und zu den Möhren umfüllen.
- Ingwer, Zwiebeln und Knoblauch in den Mixtopf geben, **3 Sek. / Stufe 5** zerkleinern.
- Öl und das zerkleinerte Gemüse hinzufügen, **8 Min. / Varoma / ↺ / Stufe 1** dünsten.
- Die restlichen Zutaten sowie das Gemüse zum Couscous geben und vorsichtig vermengen.
- Die Auberginen damit füllen und mit dem Käse bestreuen.
- Die gefüllten Auberginen für **ca. 20 Min.** backen.

Tipp:

Sie können dieses Gericht auch für ca. 4 Personen als Vorspeise servieren.

Nudel-Gemüse-Auflauf

Zutaten für 4–5 Personen

450 g	Nudeln, z.B. Penne	30 g	Olivenöl
	Sauce	1	Stange Porree, nur das Weiße
200 g	Chorizo, vegan, in Stücken	200 g	Soja Cuisine
250 g	Tofu, Tomate, in Stücken	2 Tl	Salz
50 g	Rucola	1 Tl	Paprikapulver
200 g	gemischte Paprika, in Stücken	1 Tl	Pfeffer
70 g	Fenchel, in Stücken	30 g	Mehl
150 g	Zwiebeln, in Stücken	20 g	Ei-Ersatz
1	Knoblauchzehe		(mit 60 g Wasser angerührt)
		140 g	geriebener Käse, vegan

Zubereitung

- Nudeln nach Packungsangabe in reichlich Salzwasser kochen, abgießen und in eine Auflaufform geben.

Sauce

- Chorizo und Tofu in den Mixtopf geben, **2–3 Sek./Stufe 5** zerkleinern und umfüllen.
- Rucola in den Mixtopf geben, **3 Sek./Stufe 7** zerkleinern und umfüllen.
- Fenchel und Paprika in den Mixtopf füllen, **3 Sek./Stufe 5** zerkleinern und umfüllen.
- Zwiebeln und Knoblauch in den Mixtopf geben, **3 Sek./Stufe 5** zerkleinern.
- Öl zugeben und **2 Min./Varoma/Stufe 1** dünsten.
- Chorizo, Tofu, Porree, Soja Cuisine, Gewürze und das zerkleinerte Gemüse hinzugeben, **10 Min./100°C/↺/Stufe 2** garen.
- Backofen auf **200°C Ober-/Unterhitze** vorheizen.
- Mehl mit etwas Wasser anrühren und zusammen mit dem Ei-Ersatz hinzufügen, **4 Min./90°C/↺/Stufe 2** fertig garen.
- Den Rucola mit dem Spatel unterheben.
- Die Sauce über die Nudeln gießen, vermengen und mit dem Käse bestreuen.
- Den Auflauf für **ca. 40 Minuten** backen.

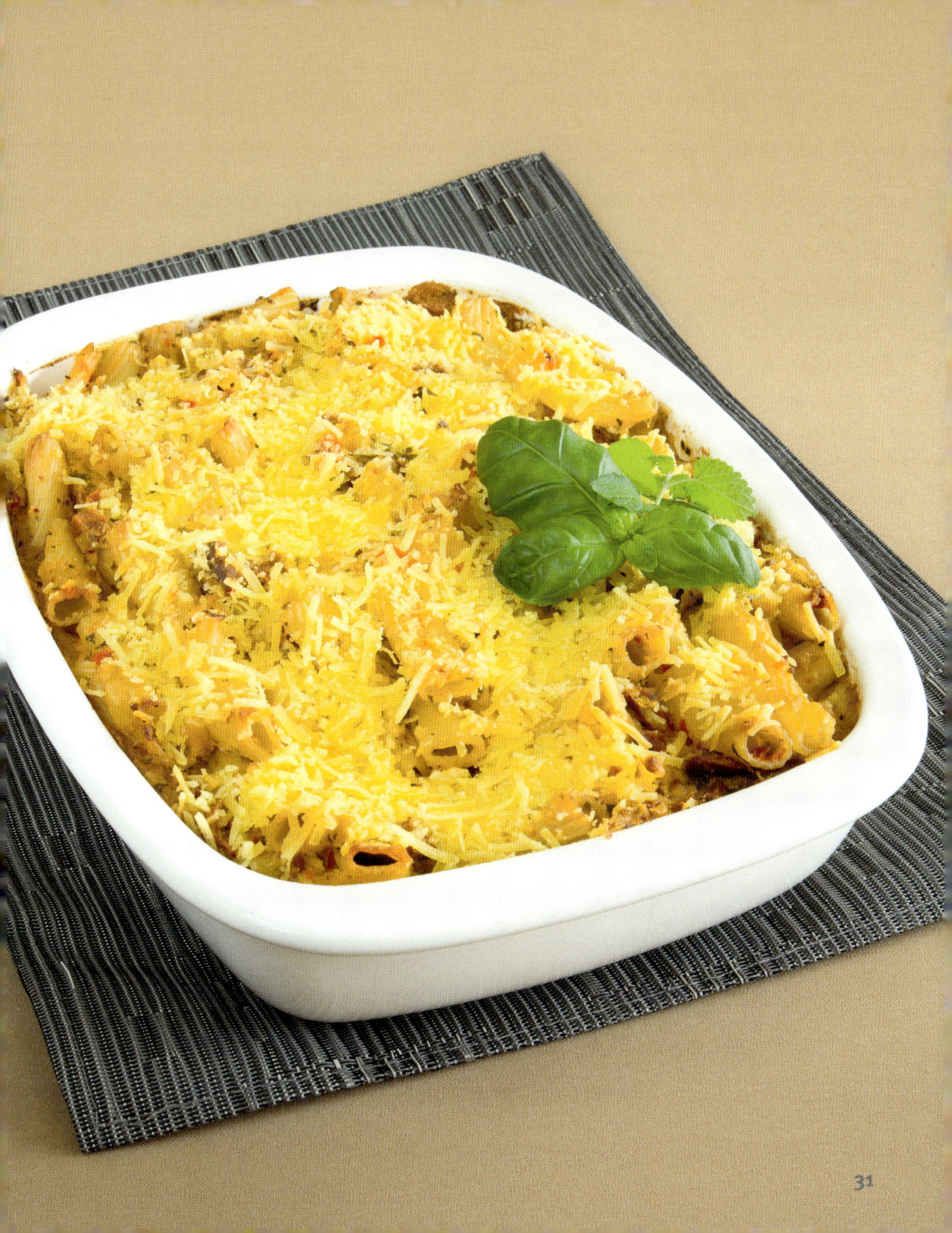

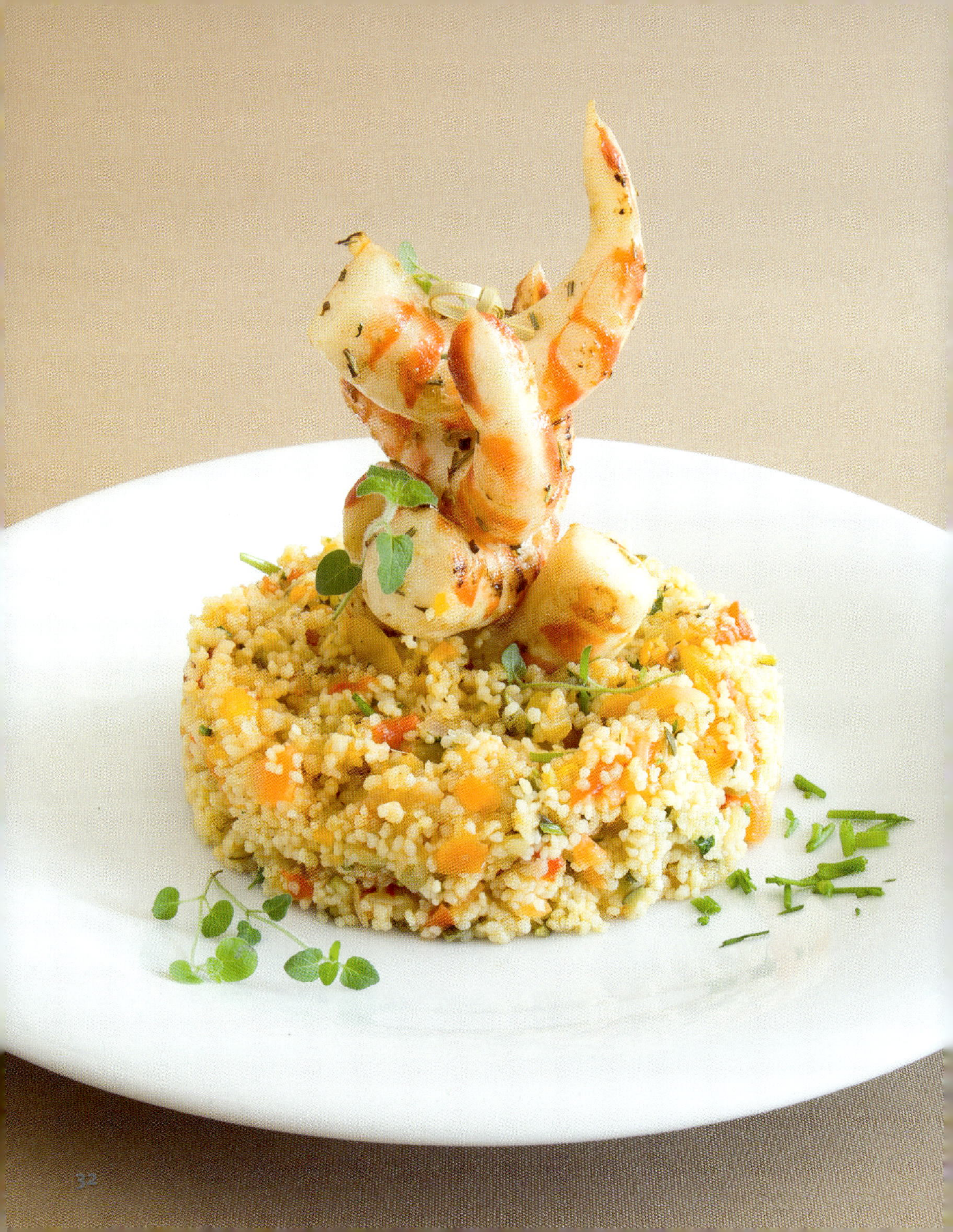

Couscous mit Veggie Riesengarnelen

Zutaten für ca. 4 Personen

Knoblauchmarinade von Seite 4		1	grüne Paprika, in Stücken
300 g	Veggie Riesengarnelen, am Vortag marinieren	1	kl. Zucchini, in Stücken
		1	kl. Aubergine, in Stücken
Couscous		2	rote Zwiebeln, in Stücken
270 g	Wasser	2	Knoblauchzehen
2 El	Gemüsebrühe, Instant	35 g	Olivenöl
220 g	Couscous	4 El	Petersilie, fein geschnitten
3	Möhren, in Stücken	4 El	Schnittlauch, fein geschnitten
1	rote Paprika, in Stücken	1	Limette, Saft und Abrieb davon
1	gelbe Paprika, in Stücken	1 Tl	Zucker
		¼ Tl	Pfeffer
		1 Tl	Salz

Zubereitung

- Die Knoblauchmarinade nach Rezept zubereiten und die Veggie Riesengarnelen darin am Vortag marinieren.

Couscous

- Wasser und Brühe in den Mixtopf geben, **1:30 Min. / 100°C / Stufe 1** erhitzen.
- Den Couscous in eine Schale füllen, mit der Brühe übergießen und zugedeckt ziehen lassen.
- Möhren in den Mixtopf geben, **3 Sek. / Stufe 5** zerkleinern und umfüllen.
- Die Paprika in den Mixtopf geben, **3 Sek. / Stufe 5** zerkleinern und ebenfalls umfüllen.
- Zucchini und Aubergine in den Mixtopf geben, **3 Sek. / Stufe 5** zerkleinern und zu dem anderen Gemüse umfüllen.
- Zwiebeln und Knoblauch in den Mixtopf geben, **3 Sek. / Stufe 5** zerkleinern.
- Öl sowie das zerkleinerte Gemüse hinzufügen, **8 Min. / Varoma / ↺ / Stufe 1** dünsten.
- In der Zwischenzeit die Riesengarnelen mit der Marinade in einer Pfanne braten.
- Die Gemüsemischung, Kräuter, Limettensaft und Abrieb sowie die Gewürze zu dem Couscous geben und mit dem Spatel vermengen.
- Den Couscous zusammen mit den Veggi Riesengarnelen servieren.

Sellerie Duett

Zutaten für ca. 4 Personen

Sauce
40 g	gemischte Kerne, geröstet z.B. Kürbis, Sesam usw.
15 g	Kürbiskernöl
1 Msp.	Salz
1 Msp.	Zucker
30 g	Balsamico Creme
1 Tl	Limettensaft
25 g	Wasser

Sellerieschnitzel
600 g	Sellerie, geschält in Scheiben ca. 1,5 cm
1250 g	Wasser
2 Tl	Salz

Selleriepüree
800 g	Sellerie, geschält in Stücken
250 g	Soja Cuisine Light
170 g	Sojamilch
2 Tl	Salz
3 Msp.	Muskatnuss
15 g	Trüffelöl

zum Panieren
Sojajoghurt, Mehl,
Semmelbrösel oder Paniermehl
etwas Salz und Pfeffer
Öl zum Braten

Zubereitung

Sauce

- Kerne in den Mixtopf geben und **7 Sek. / Stufe 10** zerkleinern.
- Die restlichen Zutaten hinzufügen, **15 Sek. / Stufe 4** vermengen und umfüllen.

Sellerieschnitzel

- Wasser und Salz in den Mixtopf geben, Gareinsatz einhängen, Selleriescheiben einfüllen und **ca. 60 Min. / 100°C / Stufe 1** kochen (ggf. auf 90°C reduzieren). Garprobe machen!
- Die Selleriescheiben herausnehmen und abkühlen lassen.

Selleriepüree

- Sellerie, Soja Cuisine und Sojamilch in den Mixtopf geben, **ca. 35 Min. / 100°C / Stufe 1** kochen. Bitte Garprobe machen und ggf. ein paar Minuten weiter kochen.
- Etwas von der Flüssigkeit in eine Tasse abgießen.
- Den Sellerie **20 Sek. / Stufe 10** pürieren.
- Falls das Püree noch sehr fest ist etwas von der Flüssigkeit wieder dazugeben, **5 Sek. / Stufe 8** vermischen und warm halten.
- Die Selleriescheiben etwas salzen und pfeffern.
- Die Scheiben nun nacheinander in Sojajoghurt, Mehl und zum Schluss in Paniermehl wenden.
- Die panierten Schnitzel in einer Pfanne mit Öl goldgelb braten.
- Das Püree zusammen mit den Schnitzeln und der Sauce anrichten.
- Vor dem Servieren nach Belieben z.B. mit Kürbiskernen dekorieren.

Kassler „Art" mit Kräutersauce

Zutaten für ca. 4 Personen

1000 g	Wasser		Sauce
2 Tl	Salz	200 g	Frischkäse, vegan
550 g	Kartoffeln, geschält u. geviertelt	15 g	gemischte Kräuter, fein geschnitten
200 g	Möhren, in Scheiben	20 g	Weißwein, vegan
200 g	gemischte Paprika, in Stücken	1½ Tl	Salz
		1 Tl	Zucker
500 g	Stangenbohnen, in Stücken	2 Msp.	Pfeffer
		20 g	Speisestärke

zusätzlich
4 Scheiben Kasslerbratstücke, vegan
etwas Öl zum Braten

Zubereitung

- Wasser und Salz in den Mixtopf geben, das Garkörbchen einhängen und die Kartoffeln einwiegen.
- Möhren und Paprika in den Varoma geben, Stangenbohnen in den Einlegeboden legen und Varoma aufsetzen, **35 Min. / Varoma / Stufe 2** garen.
- Kartoffeln und Gemüse anschließend umfüllen und warm halten. Das Garwasser nicht wegschütten.

Sauce
- 400 g von dem Garwasser sowie 60 g der gekochten Kartoffeln in den Mixtopf füllen.
- Die restlichen Saucenzutaten, ausgenommen Speisestärke, zugeben und **3 Min. / 100°C / Stufe 2** kochen.
- Speisestärke mit etwas Wasser anrühren und dazufügen, **2 Min. / 100°C / Stufe 2** fertig kochen.
- Die Sauce **10 Sek. / Stufe 9** pürieren und warm halten.
- Die Kasslerbratstücke in etwas Öl von beiden Seiten anbraten und zusammen mit den Kartoffeln, dem Gemüse und der Kräutersauce servieren.

37

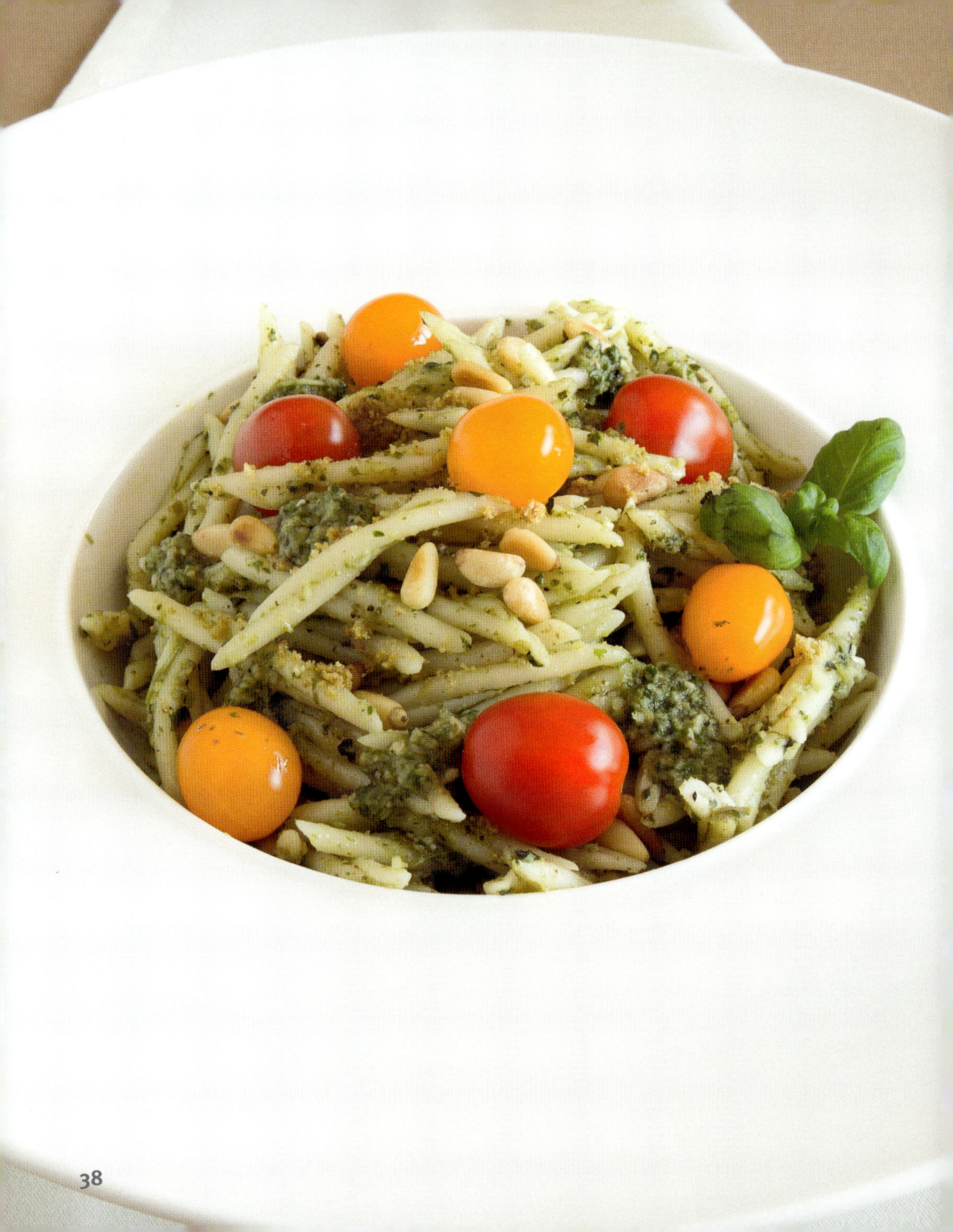

Nudeln mit Salsa Verde

Zutaten für ca. 4 Personen

Salsa Verde
2	Scheiben Toastbrot, ohne Rinde
1 Tl	Gemüsebrühe, Instant
6 El	Wasser
15 g	Pinienkerne
½ Bd.	Petersilie
1 Topf	Basilikum
1	Knoblauchzehe
1	Schalotte
1	Gewürzgurke, geschält in Stücken
1 El	Kapern
½	Zitrone, Abrieb davon
1 El	Zironensaft
100 g	Olivenöl
2 Msp.	Salz
2 Msp.	Pfeffer
½ Tl	Zucker

Nudeln
400 g	Nudeln nach Belieben

zum Bestreuen
ca. 2 Tl	Parmesanersatz s. Seite 5
15 g	Pinienkerne

Deko
20	Cherrytomaten, halbiert

Zubereitung

- Toast in den Mixtopf geben, **3 Sek./Stufe 7** zerkleinern und in eine Schale umfüllen.
- Gemüsebrühe und Wasser zu dem Toast geben und vermischen.
- Pinienkerne, Kräuter, Knoblauch, Schalotte, Gurke und Kapern in den Mixtopf geben, **7 Sek./Stufe 7** zerkleinern.
- Saft, Toast, Zitronenabrieb, Öl und Gewürze hinzufügen, **15 Sek./Stufe 4** vermischen.

Nudeln
- Nudeln nach Packungsangabe kochen, abgießen und mit der Sauce vermengen.
- Die Nudeln auf Tellern anrichten, mit dem Parmesanersatz und den Pinienkernen bestreuen.
- Die Tomaten als Deko darauf verteilen.

Tipp:

Die Salsa Verde lässt sich gut im Voraus vorbereiten. Wenn es einmal schnell gehen muss, brauchen Sie nur noch die Nudeln dazu zu kochen.

Laugenknödel mit Champignonsauce

Zutaten für ca. 3 Personen

Sauce

90 g	Zwiebeln, in Stücken
10 g	Knoblauch
30 g	Olivenöl
50 g	Weißwein, vegan
130 g	Sojamilch
250 g	Soja Cuisine
2½ Tl	Salz
½ Tl	Pfeffer
1 Tl	Zucker
2 El	Limettensaft
¼ Tl	Zuckerkulör
500 g	Champignons, in Scheiben
20 g	Mehl
50 g	Wasser
½ Bd.	Petersilie, fein geschnitten

Laugenknödel

3	Laugenbrötchen vom Vortag, geviertelt
1	Zwiebel, halbiert
1	Knoblauchzehe
25 g	Olivenöl
250 g	Soja Cuisine
1½ Tl	Salz
2 Msp.	Pfeffer
2 Msp.	Muskat
2 El	Petersilie, fein geschnitten
10 g	Ei-Ersatzpulver (mit 40 g Wasser angerührt)
500 g	Wasser

Zubereitung

Sauce

- Zwiebeln und Knoblauch in den Mixtopf geben, **4 Sek./Stufe 5** zerkleinern.
- Öl hinzufügen, **3 Min./Varoma/Stufe 1** dünsten.
- Wein, Sojamilch, Soja Cuisine, Gewürze, Saft und Zuckerkulör zugeben, **6 Min./100°C/Stufe 1** kochen.
- Champignons zu der Sauce geben und **6 Min./100°C/↺/⌀** weiter kochen.
- Mehl mit Wasser anrühren und dazugeben, **4 Min./100°C/↺/⌀** fertig kochen.
- Petersilie dazugeben und mit dem Spatel unterrühren.
- Die Sauce umfüllen und warm halten.

Laugenknödel

- Die Hälfte der Laugenbrötchen in den sauberen Mixtopf geben, **4 Sek./Stufe 5** zerkleinern und umfüllen
- Die andere Hälfte der Laugenbrötchen ebenfalls in den Mixtopf geben, **4 Sek./Stufe 5** zerkleinern und umfüllen.
- Zwiebel und Knoblauch in den Mixtopf geben, **3 Sek./Stufe 6** zerkleinern.
- Olivenöl zufügen, **3 Min./Varoma/Stufe 1** dünsten.
- Soja Cuisine und Gewürze hinzugeben, **1:30 Min./90°C/Stufe 1** vermischen.
- Petersilie, Laugenbrötchen und Ei-Ersatz dazugeben, **15 Sek./↺/Stufe 3** vermischen.
- Die Masse auf zwei Stücke Alufolie verteilen, zu Rollen formen, mit der Folie einrollen und die Enden verschließen.
- Das Wasser in den sauberen Mixtopf füllen und den Varoma aufsetzen.
- Die Laugenknödel in den Varoma legen, **25 Min./Varoma/Stufe 2** garen.
- Die Knödel in Scheiben schneiden und zusammen mit der Sauce servieren.

Rote Beete Spätzle mit Tempeh

Zutaten für 2 Personen

Spätzleteig
200 g	Mehl
20 g	Ei-Ersatz
130 g	Wasser
1 Tl	Salz
200 g	Rote Beete Saft, warm

Sauce
35 g	Zwiebeln
25 g	Olivenöl
25 g	Mehl
150 g	Sojamilch
150 g	Sahne, vegan
50 g	Weißwein, vegan
1 El	Zitronensaft
½ Tl	Salz
½ Tl	Zucker
2 Msp.	Muskat
2 Msp.	Pfeffer

zusätzlich
200 g	Tempeh
etwas Öl zum Braten	
2 El	Zitronensaft

Zubereitung

Spätzleteig
- Alle Zutaten, ausgenommen den Rote Beete Saft, in den Mixtopf geben, **3 Min./Teigstufe** vermischen.
- Reichlich Salzwasser in einem Topf aufkochen und die Spätzle Portionsweise mit einem Spätzlehobel oder einer Spätzlepresse in das Wasser geben.
- Die Spätzle kochen lassen bis sie oben schwimmen, dann mit einem Schaumlöffel herausnehmen und in eine Schale mit dem Rote Beete Saft geben.
- Die Spätzle darin liegenlassen bis sie die Farbe angenommen haben, den restlichen Saft abgießen und die Spätzle warm halten.

Sauce
- Zwiebeln in den Mixtopf geben, **3 Sek./Stufe 6** zerkleinern.
- Öl und Mehl hinzugeben, **2 Min./100°C/Stufe 1** dünsten.
- Die restlichen Zutaten hinzufügen und **4 Min./90°C/Stufe 4** kochen.
- Den Tempeh in Scheiben schneiden, in Öl anbraten und mit Zitronensaft beträufeln.
- Die Spätzle mit dem Tempeh und der Sauce anrichten.

43

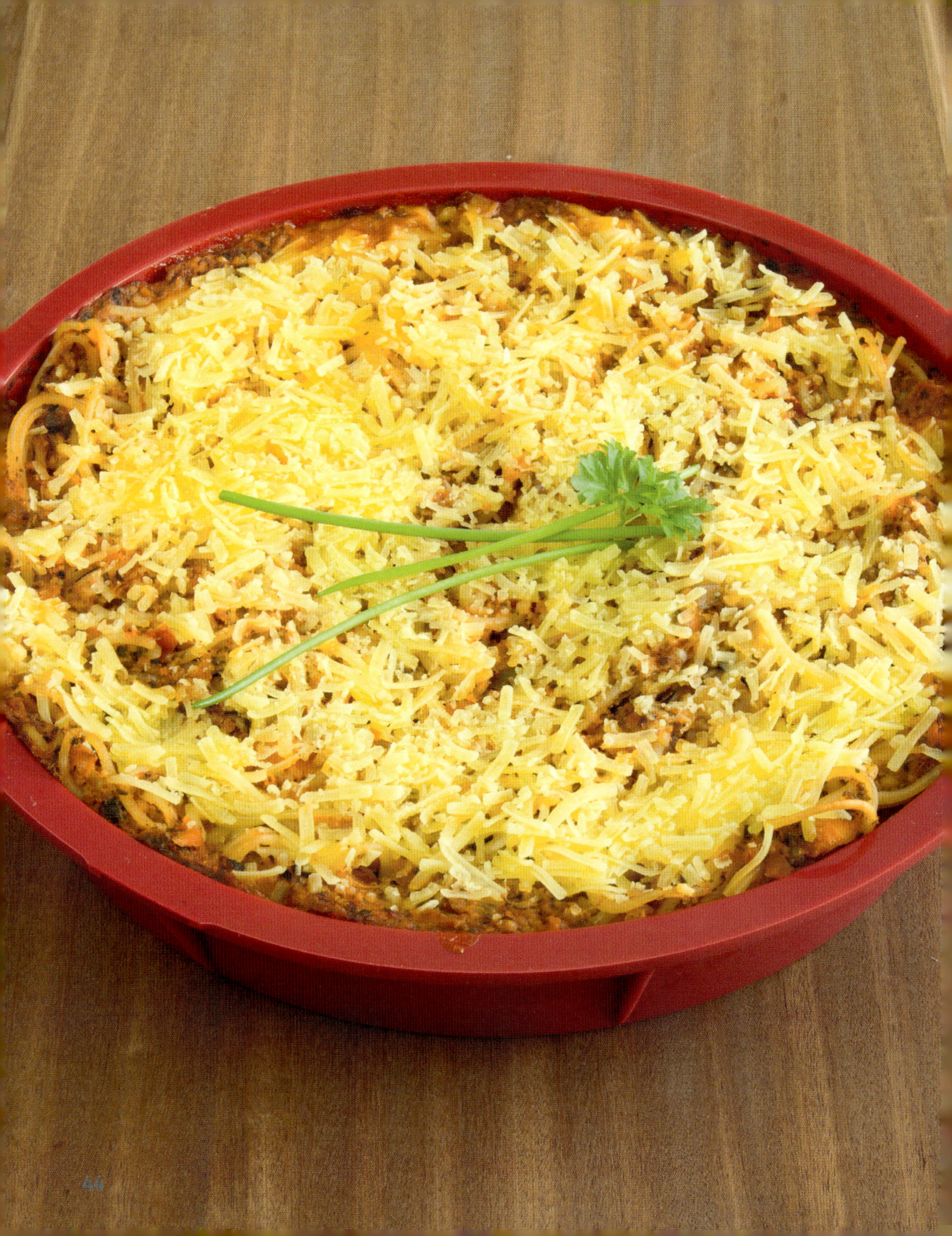

Spaghetti Auflauf

Zutaten für 3–4 Personen

250 g	Spaghetti	1	Dose Tomaten, stückig (Abtrgew. 240 g)
Gemüsebolognese		2 El	„8" Kräuter (TK)
50 g	Tofu, Tomate	100 g	Sahne, vegan
150 g	Champignons	10 g	Ei-Ersatz (mit 40 g Wasser angerührt)
150 g	gemischte Paprika, in Stücken	100 g	Käse, vegan, gerieben
150 g	Möhren, in Stücken		
1	Zwiebel, in Stücken		
1	kl. Knoblauchzehe		
25 g	Olivenöl		

Zubereitung

- Spaghetti nach Packungsangabe in reichlich Salzwasser bissfest kochen, abgießen und in eine Auflaufform füllen.
- Backofen auf **180° Ober-/Unterhitze** vorheizen.

Gemüsebolognese

- Tofu und Champignons in den Mixtopf geben, **2 Sek./Stufe 5** zerkleinern und umfüllen.
- Paprika und Möhren in den Mixtopf geben, **2 Sek./Stufe 6** ebenfalls zerkleinern und zu den Champignons umfüllen.
- Zwiebel und Knoblauch in den Mixtopf geben, **3 Sek./Stufe 5** zerkleinern.
- Öl zugeben und **3 Min./Varoma/Stufe 2** dünsten.
- Die Gemüsemischung und die Tomaten hinzufügen, **5 Min./100°C/↺/Stufe 2** kochen.
- Restliche Zutaten, ausgenommen den Käse, zugeben und **2 Min./100°C/↺/Stufe 2** fertig garen.
- Die Sauce über die Spaghetti geben und mit dem Käse bestreuen.
- Den Auflauf ca. **25 Min.** überbacken.

Graupenbratlinge mit rotem Kartoffelpüree

Zutaten für ca. 4 Personen

250 g	Graupen, am Vortag einweichen
2 Tl	Salz
1000 g	Wasser

Bratlinge

90 g	Zwiebeln, in Stücken
10 g	Knoblauch
10 g	Ingwer
35 g	Olivenöl
30 g	Semmelbrösel
35 g	Senf
25 g	Mehl
20 g	Speisestärke
1 Tl	Salz
¼ Tl	Pfeffer
40 g	Kräuter, gemischt, gehackt
20 g	Ei-Ersatz (mit 40 g Wasser angerührt)

zusätzlich Öl zum Braten

Rote Beete Püree

130 g	Gewürzgurke
200 g	Rote Beete, vorgekocht
850 g	Kartoffeln, mehlig kochend, in Stücken
450 g	Sojamilch
2 Msp.	Muskat
1½ Tl	Salz
¼ Tl	Pfeffer
30 g	Trüffelöl (altern. Olivenöl)
40 g	Rote Beete Saft

Zubereitung

- Graupen, Salz und Wasser in den Mixtopf geben, **22 Min. /100°C /↺/⌀** kochen (ggf. auf 90°C reduzieren).
- Die Graupen in ein Sieb abgießen, abspülen und kalt werden lassen.

Bratlinge

- Zwiebeln, Knoblauch und Ingwer in den Mixtopf geben, **3 Sek. /Stufe 5** zerkleinern.
- Öl hinzufügen und **3 Min. /Varoma /Stufe 1** dünsten.
- Die restlichen Zutaten und die Graupen zugeben, **35 Sek. /↺/Stufe 3** vermischen und umfüllen.
- Aus der Masse Bratlinge formen und während das Püree kocht diese in einer Pfanne mit etwas Öl braten.

Püree

- Gewürzgurken in den sauberen Mixtopf geben, **5 Sek. /Stufe 5** zerkleinern und in ein Sieb zum Abtropfen umfüllen.
- Rote Beete vierteln und in den Mixtopf geben, **5 Sek. /Stufe 5** zerkleinern, umfüllen und den Mixtopf reinigen.
- Rühraufsatz einsetzen, Kartoffeln und Sojamilch zugeben, **25 Min. /100°C /Stufe 1–2** kochen. Garkörbchen als Spritzschutz verwenden.
- Gewürzgurken, Rote Beete sowie die restlichen Zutaten hinzugeben und **3 Min. /90°C /Stufe 1** fertig kochen.
- Die Bratlinge zusammen mit dem Püree anrichten und servieren.

Risotto mit Chorizo

Zutaten für ca. 4 Personen

1	Zwiebel, halbiert
35 g	Olivenöl
240 g	Risottoreis
100 g	Weißwein, vegan
700 g	Gemüsebrühe, heiß
150 g	Paprika (Glas), in Stücken
200 g	Chorizo, vegan, in Scheiben
2 El	Margarine
3 El	Kräuter, gemischt
2 Tl	veg. Parmesanersatz s. Seite 5

Zubereitung

- Zwiebeln in den Mixtopf geben und **3 Sek. / Stufe 5** zerkleinern.
- Öl hinzufügen, **3 Min. / Varoma / Stufe 1** dünsten.
- Risottoreis dazugeben und **3 Min. / 100°C / / Stufe 1** mitdünsten.
- Mit Weißwein ablöschen, **4 Sek. / / Stufe 2** verrühren.
- Gemüsebrühe hinzugeben, **22 Min. / 100°C / / Stufe 2** ohne MB kochen.
- Paprika, Chorizo, Margarine und Kräuter zugeben und mit dem Spatel vermengen.
- Das Risotto auf Tellern anrichten, mit Parmesanersatz bestreuen und nach Belieben dekorieren.

Süße Crêpes

Zutaten für ca. 8 Stück

Teig
320 g	Sojamilch
320 g	Apfelsaft, vegan
300 g	Mehl
2 Tl	Backpulver
20 g	Zucker
1	Prise Salz

Füllung
1 Glas   Erdbeerkonfitüre

zusätzlich
Öl zum Braten
Mandelblättchen zum Bestreuen
evtl. frische Erdbeeren als Deko

Zubereitung

Teig
- Alle Zutaten in den Mixtopf geben, **1 Min.**/**Stufe 4** vermischen.
- Aus dem Teig in einer Pfanne mit Öl die Crêpes ausbacken.

Füllung
- Die abgekühlten Crêpes mit der Erdbeermarmelade bestreichen und einrollen.
- Die Mandelblättchen in einer Pfanne ohne Fett rösten und abkühlen lassen.
- Die Crêpes auf Tellern anrichten, mit den Mandelblättchen und den Erdbeeren dekorieren.

Tipp:

Sie können die Füllung natürlich je nach Geschmack und Vorliebe variieren.

Geschichtete Apfel-Creme

Zutaten für 4 Personen

Apfelmasse
(kann auch am Vortag vorbereitet werden)
- 300 g Äpfel geschält, entkernt u. geviertelt
- 15 g Walnusskerne
- 30 g Rosinen
- 15 g Mandeln, gehackt
- 100 g Gelierzucker
- 50 g Apfellikör oder alternativ Apfelsaft, vegan

Keksbrösel
- 150 g Amarettini Kekse, vegan Rezept siehe Seite 59

Creme
- 250 g Soja Schlagsahne
- 1 P. Vanillezucker
- 220 g Frischkäse, vegan
- 50 g Puderzucker
- 40 g Apfellikör od. alternativ Apfelsaft, vegan

Deko
Mandelblättchen

Zubereitung

Apfelmasse
- Äpfel und Walnusskerne in den Mixtopf geben und **2 Sek./Stufe 5** zerkleinern.
- Die restlichen Zutaten hinzugeben, **10 Min./100°C/⟲/Stufe 1** kochen und umfüllen. Garkörbchen als Spritzschutz verwenden.

Keksbrösel
- Die Amarettini in den sauberen Mixtopf geben, **1 Sek./Stufe 4** zerkleinern und umfüllen.

Creme
- Rühraufsatz in den sauberen Mixtopf einsetzen, Sahne und Vanillezucker hinzufügen und **1 Min./Stufe 3** schlagen. Die Sahne muss nicht steif sein, bitte Sichtkontakt halten.
- Die restlichen Zutaten dazugeben, **10 Sek./Stufe 4** vermischen.
- Vier Gläser oder Dessertschalen abwechselnd mit Creme, Keksbröseln und Apfelmasse schichten bis die Zutaten aufgebraucht sind.
- Das Dessert bis zum Verzehr kalt stellen.
- Vor dem Servieren mit Mandelblättchen bestreuen.

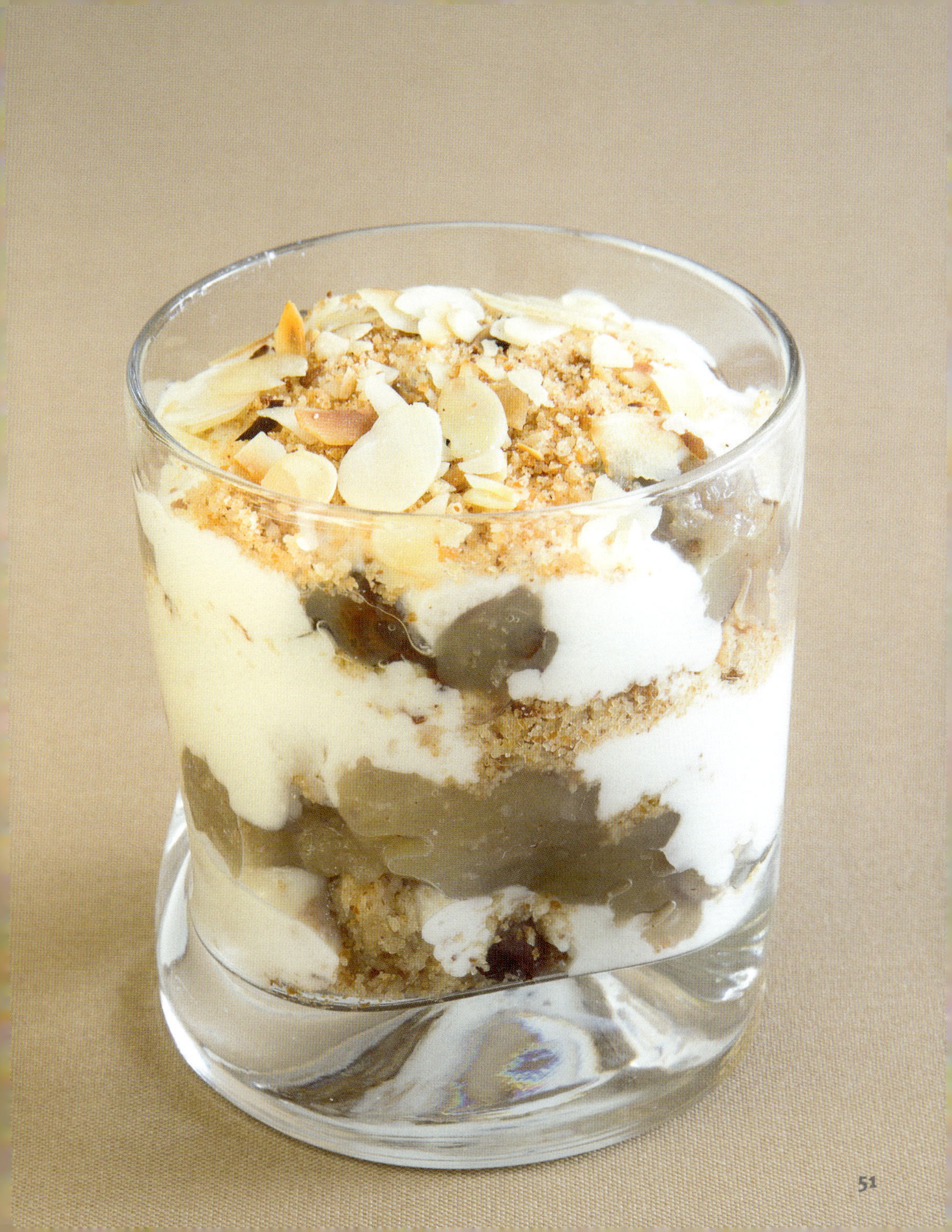

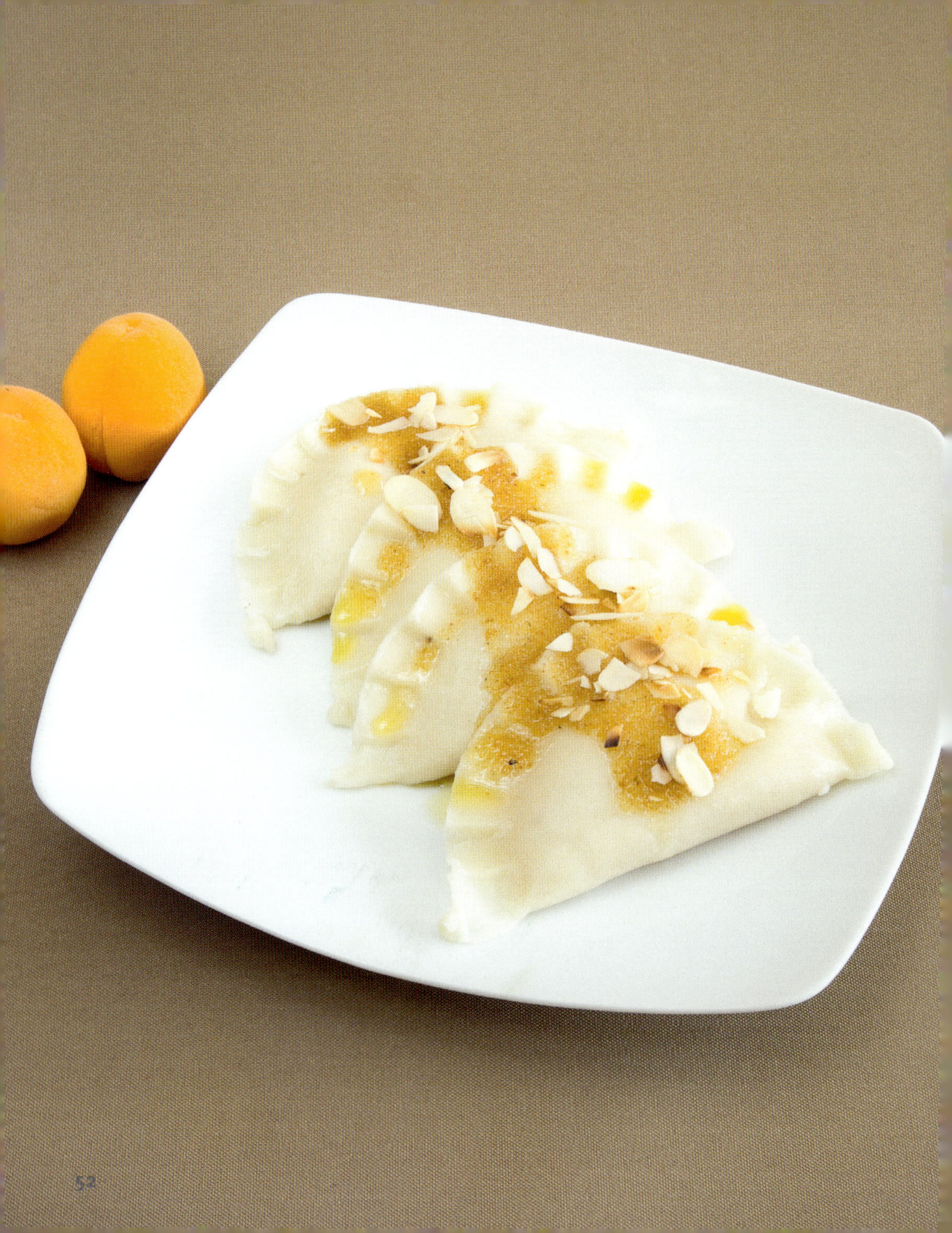

Piroggen mit Marillenkonfitüre

Zutaten für 22 Stück
(ca. 4 Personen als Dessert)

Piroggenteig
10 g   Ei-Ersatz
40 g   Wasser
300 g   Mehl
125 g   Sojamilch
1 Msp.   Salz
etwas Mehl zum Ausrollen

Füllung
1 Glas   Marillenkonfitüre

zusätzlich
1000 g   Wasser
500 g   Apfelsaft
6 El   Margarine
4 El   Semmelbrösel
4 Tl   Mandelblättchen

Zubereitung

Piroggenteig
- Ei-Ersatz und Wasser in den Mixtopf geben, **30 Sek. / Stufe 4** vermischen.
- Die restlichen Zutaten hinzufügen, **2 Min. / Teigstufe** kneten, in Frischhaltefolie einwickeln und ca. 1 Stunde ruhen lassen.
- Den Teig mit einer Teigrolle auf etwas Mehl oder mit einer Nudelmaschine ausrollen und Kreise ausstechen (ø ca. 11 cm). Die Teigreste neu ausrollen und Kreise ausstechen bis der Teig verbraucht ist.

Füllung
- Auf jeden Kreis ca. 1 Tl Konfitüre geben, zusammenklappen und die Ränder gut andrücken, z.B. mit einer Gabel.
- Wasser und Apfelsaft in einem Topf zum Kochen bringen und die Piroggen portionsweise (je ca. 6 Stück) bei geringer Hitze ziehen lassen.
- Wenn Sie oben schwimmen herausnehmen und auf einem Tuch abtropfen lassen.
- Die Margarine in einer Pfanne leicht aufschäumen lassen und die Semmelbrösel dazugeben.
- Die Piroggen auf Tellern anrichten und die Brösel darauf verteilen.
- Vor dem Servieren mit Mandelblättchen bestreuen.

Tipp:

Sie können die Füllung natürlich je nach Geschmack und Vorliebe variieren.

Zweierlei Mandel Kekse

Zutaten für ca. 25 Stück

55 g	Zucker, weiß
25 g	Zucker, braun
½	Orange, Abrieb davon
125 g	Margarine
150 g	Mehl
½ Tl	Backpulver
1 El	Aprikosenmus
95 g	Mandeln, gehackt
1 Tl	Kakao

Zubereitung

- Backofen auf **180°C Ober-/Unterhitze** vorheizen.
- Beide Zuckersorten, Orangenabrieb und Margarine in den Mixtopf geben, **1 Min./60°C/Stufe 3** schmelzen.
- Die restlichen Zutaten, ausgenommen Kakao, hinzugeben und **1 Min./Teigstufe** vermengen.
- Die Hälfte vom Teig als Taler (ø ca. 2 cm) auf ein mit Backpapier ausgelegtes Backblech legen. Dabei zwischen den Talern etwas Abstand lassen und ggf. flach drücken.
- Den Kakao zu dem restlichen Teig geben, **30 Sek./Teigstufe** unterrühren.
- Ebenfalls als Taler auf das Backblech legen.
- Die Taler **ca. 20 Min** backen.

Kokos Panna Cotta mit Erdbeersauce

Zutaten für 4 Personen als Dessert

Panna Cotta

400 g	Kokosmilch (Dose)
250 g	Soya Cuisine light
70 g	Kokoslikör
30 g	Zucker
7 g	Agar-Agar

Erdbeersauce

25 g	Zucker
300 g	Erdbeeren, geputzt
2 Tl	Zitronensaft
1 P.	Vanillezucker

Zubereitung

- Alle Zutaten, ausgenommen Agar-Agar, in den Mixtopf geben, **3 Min. / 100°C / Stufe 1** erhitzen.
- Agar-Agar dazugeben und **2 Min. / 100°C / Stufe 2** auflösen.
- Die Panna Cotta in Gläser oder Dessertschalen füllen und zum Festwerden kalt stellen.

Erdbeersauce
- Zucker in den Mixtopf geben, **6 Sek. / Stufe 10** pulverisieren.
- Die restlichen Zutaten hinzufügen und **10 Sek. / Stufe 9** pürieren.
- Die Erdbeersauce durch ein Sieb streichen und auf die kalte Panna Cotta geben.
- Nach Belieben z.B. mit frischen Erdbeeren dekorieren.

Schoko Törtchen

Zutaten für 4 Törtchen

Teig
170 g	Mehl
140 g	Zucker
1 P.	Vanillezucker
1 Msp.	Salz
30 g	Öl
5 g	Kakao
3 Tl	Backpulver
190 g	Wasser

Creme
200 g	Schokolade 91% Cacao
300 g	Soja Schlagsahne
1 Fl.	Rumaroma
40 g	Puderzucker

Zubereitung

Teig
- Backofen auf **180° Ober- / Unterhitze** vorheizen.
- Alle Zutaten in den Mixtopf geben, **4 Min. / Stufe 4** vermischen.
- Den Teig in eine mit Backpapier ausgelegte Springform (ø ca. 21 cm) füllen, **ca. 18 Min.** backen und anschließend auskühlen lassen.

Creme
- Schokolade in Stücken in den Mixtopf geben, **5 Sek. / Stufe 7** zerkleinern und mit dem Spatel runterschieben.
- Sahne hinzufügen, **3 Min. / 60°C / Stufe 2** schmelzen.
- Rumaroma und Puderzucker dazugeben, **10 Sek. / Stufe 3** unterrühren.
- Die Creme im Mixtopf kalt stellen bis sie fest geworden ist.
- Rühraufsatz in den Mixtopf einsetzen und die Creme **2 Min. / Stufe 3** aufschlagen.
- Aus dem gebackenen Boden mit vier Dessertringen (ø ca. 8 cm) Kreise ausstechen.
- Den Boden im Dessertring lassen, mit der Schokocreme füllen und kalt stellen.
- Die Reste vom Boden in den sauberen Mixtopf geben, **5 Sek. / Stufe 8** zerkleinern.
- Törtchen vor dem Servieren mit den Krümeln bestreuen und nach Belieben dekorieren.

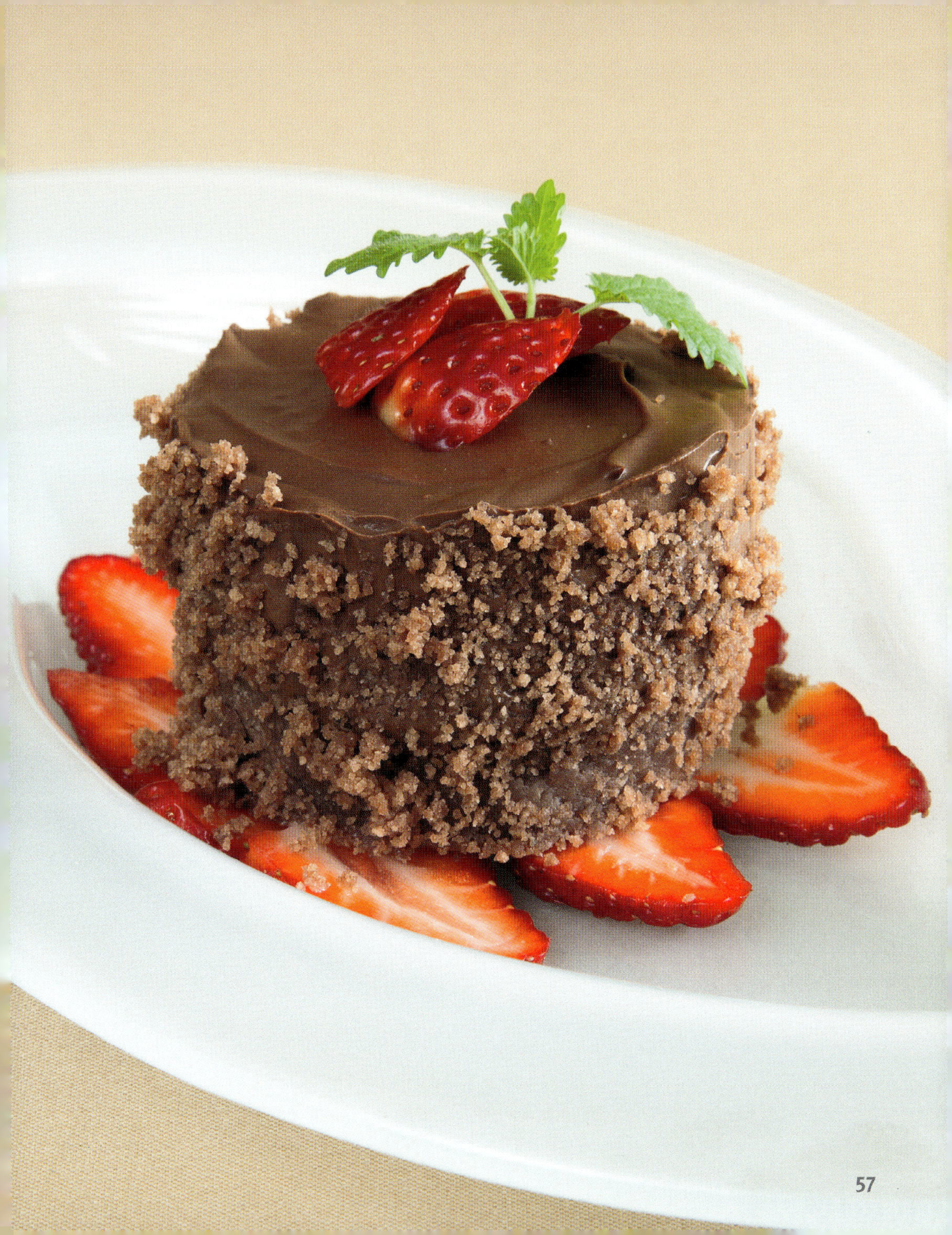

Amarettini Kekse

Zutaten für ca. 25 Stück

40 g	Mandeln
30 g	Zucker
1 P.	Vanillezucker
70 g	Margarine
140 g	Mehl
1 Tl	Backpulver
1 El	Agavensirup
2 El	Amaretto
¼ Tl	Zimt

zum Bestäuben
2 El   Puderzucker

Zubereitung

- Backofen auf **180°C Ober-/Unterhitze** vorheizen.
- Mandeln in den Mixtopf geben, **7 Sek./Stufe 10** mahlen und umfüllen.
- Zucker, Vanillezucker und Margarine in den Mixtopf geben, **3 Min./50°C/Stufe 4** vermischen.
- Die restlichen Zutaten hinzufügen, **2 Min./Teigstufe** kneten.
- Aus dem Teig kleine Kugeln formen und auf einem mit Backpapier ausgelegten Backblech verteilen.
- Die Amarettini **ca. 20 Minuten** backen, auskühlen lassen und mit Puderzucker bestäuben.

Tipp:

Sehr gut geeignet als Gebäck zu Kaffee, Tee oder in einem Dessert.

Raum für ihre Notizen